LE DIVORCE

CONSENTEMENT MUTUEL

UN CHAPITRE DE MORALE
ET DE LÉGISLATION SOCIALE

PAR

Adolphe DESCOSTES

Avocat à la Cour d'Appel de Chambéry.

Docteur en droit.

PARIS

IMPRIMERIE F. LEVÉ

17, RUE CASSETTE, 17

1904

LE DIVORCE

PAR CONSENTEMENT MUTUEL

UN CHAPITRE DE MORALE

ET DE LÉGISLATION SOCIALE

PAR

Adolphe DESCOSTES

Avocat à la Cour d'Appel de Chambéry.

Docteur en droit.

PARIS

IMPRIMERIE F. LEVÉ

17, RUE CASSETTE, 17

—

1904

LE DIVORCE

PAR CONSENTEMENT MUTUEL

Un chapitre de Morale
et de Législation sociale.

Le problème du divorce a été, depuis un siècle, le sujet d'innombrables études. Sa nature et ses effets, au point de vue moral, religieux, philosophique et social, ont été fréquemment discutés et analysés à la tribune du Parlement, dans les colonnes des journaux, sur les scènes des théâtres, dans les œuvres connues de penseurs, de moralistes et de romanciers tels que les Legouvé, les Émile Augier, les Alexandre Dumas. Il semble que tout ait été dit et pourtant les difficultés qu'il soulève n'ont point disparu. Il demeure une des questions les plus délicates, les plus ardues et les plus complexes qui puissent occuper les méditations du législateur. Voici, en effet, que cette institution, anathématisée par les uns, préconisée par les autres, décrétée en 1792 par la première République, supprimée en 1816 par la Restauration, rétablie par la troisième République en 1884, apparaît aujourd'hui à certains esprits comme « un mécanisme imparfait, déjà vieilli et rouillé », qu'il faut remanier et modifier en l'adaptant, disent-ils, aux besoins de la société moderne.

MM. Paul et Victor Margueritte, et après eux le président Magnaud, demandent que le divorce soit prononcé au consentement mutuel des époux ou par la volonté persistante de l'un des deux.

Les deux frères publicistes ont fait de cette réforme l'objet d'une pétition qu'ils ont déposée à la Chambre et ils l'ont développée dans deux livres, qui ne sont pas encore oubliés plusieurs mois après leur apparition : *les Deux Vies* et *l'Elargissement du divorce*. Dans ce dernier ouvrage, ils exposent le projet de loi demandé par le groupe parlementaire de la libre pensée.

Dans *les Deux Vies*, MM. Margueritte veulent convaincre leurs lecteurs des nécessités de corriger les imperfections du divorce. Leur idéal serait d'arriver à la suppression de ces inutiles entraves judiciaires qui rendent parfois douloureux et difficile l'emploi « de la loi de délivrance ». Ils la voudraient plus humaine.

C'est dire que, derrière leur roman, s'abrite une thèse, un chapitre de philosophie sociale, le procès de l'institution du divorce tel qu'il existe dans notre législation, sous l'émouvante histoire de deux épouses malheureuses. Il est d'une psychologie amère et décevante.

La comtesse Gabrielle Favié et Mme Francine Le Hagre, sa fille, ont de la morale et de la vie une conception différente, plus que cela, diamétralement opposée. Leur situation conjugale est le seul lien qui les unisse.

La comtesse Favié est imprégnée de l'atmosphère spéciale créée par une forte éducation morale et par le milieu où elle a vécu. Elle est religieuse. Nature d'élite, elle s'est fait un dogme et une parure de la fidélité conjugale. Elle est éprise d'un ami d'enfance, Charlie de Bréars, lieutenant de dragons, qui l'aime d'un amour sincère et profond. Le jeune officier a toutes les vertus militaires : il est courageux, robuste et loyal. Tout les rapproche. Ils se retrouvent et les circonstances leur ménagent des entrevues passionnées. « L'incomparable amie » en sort avec des lassitudes de volonté. Charlie, de son côté, étouffe de la passion qui est en lui. L'air qu'ils respirent a comme des parfums affolants. Gabrielle, en plein rayonnement de beauté et de séduction, est jetée dans des troubles inconscients. Des tentations presque irrésistibles déchirent son cœur. La passion est aux prises avec le devoir. Le devoir triomphe. L'amour restera pur de toute défaillance. Il y a dans les détails de ce drame intime des scènes d'une puissante intensité de vie. La comtesse Favié s'en dégage, de plus en plus grandie, et, assistant à la destruction lente de sa beauté, achève une vie sacrifiée dans la résignation et la patience. Combien nous voilà loin de ces pâles névropathes ou de ces frêles neurasthéniques qui encombrent la plupart des œuvres de nos romanciers !

Il y a cependant, semble-t-il, dans le caractère de cette femme supérieure, certains côtés qui prêtent à la critique. Nul ne songe, en effet, à nier que les caractères ou les tempéraments se ressentent de l'éducation qui les a modelés ou du milieu où ils se sont développés. Mais il ne faudrait pas aller jusqu'à voir dans la comtesse Favié un sujet devant sa victoire à l'atavisme et non à sa volonté, libre et réfléchie, triomphant des atteintes de la passion. Il y a dans « cet être atavique » une réminiscence de la théorie du Dr Ferroz, dans *les Morts qui parlent* de Melchior de Vogüé : « Ah ! mon ami, vous croyez voir les gestes, entendre les paroles de cinq cent quatre-vingts contemporains, sans plus, conscients et responsables de ce qu'ils disent et font ? Détrompez-vous. Vous voyez, vous entendez quelques mannequins, passants d'un instant sur la scène du monde, qui font des mouvements réflexes, qui sont les échos d'autres voix. Regardez, derrière eux, une foule innombrable, les myriades de morts qui poussent ces hommes, commandent leurs gestes, dictent leurs paroles. Nous croyons marcher sur la cendre inerte des morts : en réalité, ils nous enveloppent, ils nous oppriment ; nous étouffons sous leur poids ; ils sont dans nos os, dans notre sang, dans la pulpe de notre cervelle, et surtout quand les grandes idées, les grandes passions entrent en jeu, écoutez bien la voix : ce sont les morts qui parlent. » Et Jean Monneron, dans l'*Étape*, ne rompt-il pas définitivement avec le fondateur de l'Union Tolstoï en ces termes qui marquent son évolution : « Oui, je suis décidé à me faire catholique comme tous les miens l'ont été pendant des siècles et des siècles. Je veux me replonger dans la plus profonde France. Je ne veux plus vivre sans mes chers morts. J'ai retrouvé leur foi et je ne la laisserai plus périr. »

La comtesse Favié se débat « contre les idées acquises, les sentiments imposés dès l'enfance et acceptés à l'usage, qui la tiennent prisonnière des autres et d'elle-même. » Et ce sont « les aspirations refoulées, son impuissance à se réaliser pleinement qui retombe en elle et l'étouffe ».

De semblables tendances viennent en droite ligne de l'évolutionnisme de Spencer, qui nie la liberté humaine et se résume dans la théorie de l'hérédité. Catholique de sang et de race, Gabrielle Favié a hérité des dispositions organiques de ses ancêtres. Leurs idées et leurs habitudes fixées dans ses organes, ainsi que diraient les prophètes de l'école, y ont produit un mécanisme approprié qui fonctionne automatiquement et s'impose à elle, témoin stoïque ou désespéré s'abandonnant aux forces qui l'entraînent. C'est là une thèse séduisante, en vogue dans certains milieux. Mais ses partisans semblent oublier trop facilement que l'homme conçoit avant d'agir, pèse les motifs et se détermine. La liberté n'est point une illusion. Nos pensées, nos croyances sont œuvres de raison et l'on ne saurait prétendre qu'elles sont la résultante exclusive de je ne sais quelle transmission purement physiologique.

MM. Margueritte étudient et analysent plus scrupuleusement le caractère de Mme Le Hagre, qui se détache du livre comme la femme selon leur cœur.

Francine Le Hagre, malheureuse ainsi que sa mère, n'a pas trouvé le bonheur dans le mariage; mais elle hait celui par qui elle souffre. Non seulement elle le fuit et s'en sépare, mais elle veut arriver à vivre avec l'homme qui a conquis dans son cœur la place laissée vide par un époux indigne. Elle engage une instance en divorce. Le divorce lui est refusé, après combien d'ennuis et de difficultés ! Elle s'enfuit à l'étranger avec sa fille et Éparvié, celui auquel elle a rêvé de s'unir.

La suite, on la devine. Cette femme qui aurait voulu rester honnête devient adultère. Une vie coupable remplacera les jouissances pures de la nouvelle famille qu'il lui est interdit de créer. Elle aura bien un foyer pour réchauffer son corps, son intelligence et son cœur, mais ce foyer sera marqué du sceau de l'illégitimité. Or les Margueritte veulent faire rejaillir la responsabilité de cette situation cruelle et fausse sur l'organisation actuelle du divorce, excluant l'hypothèse d'un consentement mutuel ou le fait de la volonté persistante de l'un des époux. Situation cruelle ! L'est-elle bien pour cette femme étrange ? car le livre se ferme sur le sentiment de quiétude et de repos qui surnage dans son cœur à toutes les péripéties, à tous les rancœurs de la défaite.

C'est que Francine a une mentalité toute moderne : c'est la mondaine aux idées nouvelles. Ses principes se résument dans « le droit au bonheur » qui est devenu la formule de notre temps. Elle veut ignorer l'au-delà, mais elle est aux prises avec les réalités de la vie et son devoir comme son droit est de la rendre la plus heureuse possible. C'est en un mot « une vierge forte » de l'évangile féministe.

Elle songe, dans ses rêveries, à « ce néant d'où nul n'était revenu apporter une parole d'espoir ou une promesse de consolation ». Elle s'incline sur « le trou funèbre et les quatre planches sur lesquelles sonnent les pelletées de terre et pleut l'aspersion bénite ». Et elle voit dans l'au-delà « tout le possible d'une survie, le terrifiant des peines expiatoires, les limbes des métempsycoses obscures ou rien que les renaissances sans fin et les combinaisons renouvelées de la matiére ». La doctrine catholique de la survie, singulièrement présentée, n'est qu'une hypothèse pour Francine Le Hagre, une explication, parmi tant d'autres, des mystères de l'autre côté. La vie future existe peut-être, mais la vie n'a peut-être aussi d'autre aboutissant que le néant. Ce sont les deux termes d'un problème dont elle écarte l'étude pour courir à la recherche du bonheur.

Le dogme chrétien et les déprimantes théories matérialistes ne la préoccupent nullement. Cependant elle a ses heures de philosophie et le cerveau de cette jeune mondaine enregistre par instants ce qui a été dit et redit par tous les encyclopédistes, les éclectiques du dernier siècle, voire même par Renan. Elle croit à la proscription par la religion catholique de l'amour humain qu'elle flétrirait comme un vice, marquant d'un caractère ignominieux tous les appétits réguliers et normaux du corps. Elle fait siennes ces erreurs qui faussent la conception de la personne humaine, et, prêtresse de la religion du progrès, de la solidarité et de la justice, elle nous trace les théories les plus bizarres sur l'embrigadement des confesseurs qui seraient à la dévotion de je ne sais quel orgueil papal. Elle voudrait représenter l'Eglise catholique comme « une société réglée par une sorte de consigne militaire dans tous les ordres de la pensée et de l'action ».

Francine Le Hagre, du reste, ne s'attache pas longtemps à tous les rêves de la libre-pensée. Son cœur souffre. En pleine révolte contre son mari, elle a rompu la vie conjugale. Ce viveur catholique apparaît comme un bien singulier personnage. Il serait catholique et, au lieu d'espérer en l'au-delà, « sa religion n'est faite que de la peur de la mort ». Il n'échappe à cette obsession qu'en songeant « que le confessionnal s'ouvre avec indulgence, que la contrition a une vertu souveraine et qu'à défaut l'attrition suffit;... l'absolution remet les péchés... on fait la part de Dieu et l'on ne se refuse rien à soi-même ». C'est là une profession de foi résumée avec une certaine désinvolture et qui ferait, si elle était vraie, de la morale catholique la négation de toute morale.

Le Hagre n'est pas seulement un esprit étrange, mais il s'est rendu odieux. L'âme, l'esprit, le cœur de Francine, son être tout entier se révoltent à l'idée de vivre avec lui. Elle ne veut pas de la séparation de corps, du célibat forcé, de l'isolement et du désert du cœur. Elle la repousse pour elle et plus encore pour sa fille. Elle songe, avec Legouvé, que « les époux séparés n'aiment pas leur enfant simplement, naturellement; ils l'aiment avec émulation, avec jalousie. Ils ne se contentent pas de le gagner, ils veulent l'enlever à l'autre... » Elle tremble à l'idée que Josette pourrait être « le champ de bataille de deux haines, l'âme vivante qu'elles déchirent, la victime d'un infanticide moral. » Elle veut le divorce qui, suivant le mot, qu'elle croit être juste, de Mme de Staël, laisse la possibilité de trouver le bonheur dans le devoir. Et alors commence pour elle une succession d'ennuis, de difficultés, de contrariétés que MM. Margueritte s'efforcent de pousser au noir pour étayer leur thèse et essayer de montrer que « le divorce français est une comédie que le magistrat dénoue à son bon plaisir », tandis qu'il serait si facile de se séparer sans éclat, sans bruit, sans cette présentation de doutes injurieux et d'imputations calomnieuses, où chacun peut fouiller, dévoiler, violer les secrets de l'intimité. MM. Margueritte ont une profonde connaissance de notre législation et certaines pages de leur livre ne défigureraient pas le cours d'un professeur de procédure civile. Ils n'ignorent rien non plus de ces agences discrètes qui se chargent « de toutes recherches délicates dans l'intérêt des familles ».

Mme Le Hagre rend une première visite à son avoué. Une requête est adressée au président du tribunal. On procède au préliminaire de conciliation. Une résidence est assignée à la femme au cours de l'instance. La garde de l'enfant est le prétexte de quelques scènes d'émotion. Dans une visite à son père, la petite Josette tombe malade. La conscience de la mère, le sentiment de ses droits se réveillent aussitôt. L'enfant est à elle, à elle seule. Elle l'a portée dans son sein, elle l'a nourrie de son lait, elle lui a sacrifié le meilleur de sa vie. Et, quelque répugnance qu'elle éprouve à aller chez son mari, elle s'y précipite, haletante. Elle veut l'enfant, elle le demande, elle en exige la remise. Le lendemain, Le Hagre invoque une fin de non-recevoir tirée de la réconciliation. La situation est poignante. La loi inexorable se dresse devant Francine par la volonté tracassière ou sordidement intéressée de son mari, resté maître du patrimoine. Le divorce lui est refusé. Sa vie a été mise à nu, à l'audience, et sous quelles couleurs ! Elle ne pourra, semble-t-il, se relever d'une pareille chute. Mais non, chez cette femme bien moderne, les impressions douloureuses sont vite effacées. Elle ne garde de son aventure que des souvenirs amers qui peu à peu s'estompent ; elle les fuit et finalement se crée une seconde vie heureuse en s'expatriant avec sa fille et son amant. MM. Margueritte se gardent bien de nous fixer la durée de ce bonheur. Ils émaillent seulement leur récit, qui souvent tourne à la satire, de portraits sarcastiques où avocats et gens de robes ne sont point ménagés. Ils ne viennent là du reste que comme des hors-d'œuvre ; car l'intérêt capital du livre se concentre sur le caractère de Mme Le Hagre.

*
* *

Avant d'apprécier la thèse soutenue dans l'œuvre des Margueritte, il est indispensable d'en rechercher les origines historiques, soit dans notre législation, soit dans les législations étrangères. Toute étude sociale puise ses sources dans l'expérience.

A l'origine des sociétés, le mari avait la faculté de rompre le lien conjugal, malgré le désir contraire de sa femme. A Rome, le divorce par consentement mutuel et la dissolution du mariage par la volonté d'un seul des époux étaient admis. Et les historiens nous signalent les abus qui accompagnèrent l'exercice de ces droits. Les époux divorcent pour les motifs les plus futiles. Une femme a-t-elle cessé de plaire, le mari la répudie. Un citoyen est-il couvert de dettes, il contracte un second mariage avec une héritière. L'union libre menace la famille. Les scandales se multiplient au point que le législateur doit déterminer les seuls cas légitimant le divorce, aux deux points de vue spéciaux que nous envisageons. Quant aux solennités qui le précédaient, Valère-Maxime rapporte que les époux étaient convoqués dans le temple de la déesse Viriplaca ou chez des amis où ils échangeaient leurs explications. Si cette tentative de conciliation n'aboutissait pas, un libelle de répudiation était adressé à l'époux répudié. Aucune autre formalité n'était exigée.

Après la période romaine, le christianisme jette dans le monde la grande maxime de l'indissolubilité du mariage, inscrite déjà dans la Genèse : « L'homme quittera son père et sa mère pour s'attacher à sa femme et ils seront deux dans une seule chair. » Le concile de Trente devait définitivement fixer les devoirs des catholiques : « Si quelqu'un dit que l'Église est dans l'erreur quand elle enseigne, comme elle a toujours enseigné, suivant la doctrine de l'Évangile et des apôtres, que le lien du mariage ne peut être dissous par le péché d'adultère de l'une des parties, et que ni l'un ni l'autre, non pas même la partie innocente qui n'a point donné sujet à l'adultère, ne peut contracter d'autre mariage pendant que l'autre partie est vivante : qu'il soit anathème. » L'Eglise cependant reconnaît de nombreux cas de nullité de mariage. Ce sacrement est à ses yeux un contrat et les nullités admises par elle ne sont pas autre chose que des incapacités de contracter. Quand l'une d'elles est constatée, le mariage est annulé comme n'ayant jamais existé et n'ayant jamais pu exister.

Le principe de l'indissolubilité du mariage ne subit aucune atteinte sous tout l'ancien régime. Le divorce par consentement mutuel et celui prononcé par la seule volonté de l'un des conjoints ne devaient ressusciter qu'à l'époque de la Révolution.

Le législateur de 1792, considérant le mariage comme un contrat ordinaire, d'essence purement civile, décidait que la même volonté qui l'avait formé suffisait à le rompre. Il s'inspirait de l'idée « qu'il fallait accorder la plus grande latitude à la faculté du divorce, à cause de la nature du contrat de mariage qui a pour base principale le consentement des époux et parce que la liberté individuelle ne peut jamais être aliénée d'une manière indissoluble par aucune convention ». Chaque partie pouvant se dégager au gré de sa fantaisie, n'avait qu'à porter sa cause devant un tribunal de famille qui avait le droit de souveraine décision.

Le pouvoir judiciaire n'intervenait pas dans la procédure réservée aux plus proches parents seuls. Le mari et l'épouse devaient convoquer une assemblée de six au moins de ceux-ci ou, à leur défaut, des amis. Ils se présentaient alors et exposaient leur demande de divorce. Si, malgré les observations qui leur étaient adressées, ils persistaient dans leur dessein, un officier municipal, requis à cet effet, rédigeait l'acte constatant ce désaccord. Et, après un mois au moins et six mois au plus, l'officier public chargé de recevoir les actes de mariage prononçait, sur la demande des époux leur divorce, sans être tenu d'en connaître les causes. Toutes les liaisons éphémères étaient sanctionnées dans la loi du 20 septembre 1792, la première loi instauratrice du divorce, ainsi conçue : « L'Assemblée nationale, considérant combien il importe de faire jouir les Français de la faculté du divorce qui résulte de la liberté individuelle dont un engagement indissoluble serait la perte, considérant déjà que plusieurs époux n'ont pas attendu, pour jouir des avantages de la disposition constitutionnelle suivant laquelle le mariage n'est qu'un contrat civil, que la loi eût réglé les effets du divorce (1), décrète qu'il y a urgence, etc. » Les conséquences de cette loi furent déplorables. Les femmes passaient d'un époux à l'autre. La famille était menacée dans sa base.

La Convention, cependant, devait aller plus en avant encore et consacrer dans deux décrets, l'un du 8 nivôse an II, l'autre du 4 floréal, le divorce par la volonté seule des époux « sans qu'il y eût lieu en aucun cas à invoquer des causes déterminées qui sont toujours un objet de scandale. » Les excès des divorces de cette triste époque ne furent jamais dépassés. Ils atteignirent un degré tel que la Convention elle-même dut revenir sur ses néfastes décisions. « La loi du 20 septembre 1792, disait Mailhe, dans la séance du 15 thermidor an III, donna au divorce une latitude illimitée, mais du moins elle opposait à l'inconstance et au caprice des formes et des lenteurs qui laissaient à la raison le temps et la possibilité de reprendre son empire. Les lois du 8 nivôse et du 4 floréal an II rompirent ces faibles barrières... Vous ne sauriez arrêter trop tôt le torrent d'immoralités que roulent ces lois désastreuses. »

Le Directoire n'apporta que de légères modifications aux dispositions révolutionnaires sur le divorce par

(1) Guadet, le 16 août 1792, à la tribune de l'Assemblée législative, déclarait qu'en sa qualité d'arbitre de famille il avait déjà prononcé plusieurs divorces, bien qu'aucune loi sur le divorce n'ait encore été faite.

consentement mutuel. Il s'attacha surtout à entourer de plus de garanties celui provoqué par la volonté persistante d'un seul des époux sur la simple allégation d'incompatibilité d'humeur. Et, dans ce but, les Conseils des Anciens et des Cinq-Cents s'entendirent pour décider qu'aucun officier public ne pourrait dans ces hypothèses, prononcer le divorce que six mois après la date du dernier des trois actes de non-conciliation exigés par la loi.

La porte restait encore trop largement ouverte aux abus. Aussi, quand le travail de rédaction du Code civil, projeté depuis 1791, fut repris par le Premier Consul, une réaction devait-elle se produire. La loi de 1803 maintenait, il est vrai, le divorce par consentement mutuel, mais elle organisait une procédure longue et compliquée, destinée « à donner aux passions le temps de se refroidir, de s'user ». Elle fut l'œuvre des assemblées consulaires et forma le titre VI du Code civil. Le divorce ne pouvait plus être prononcé sur la demande d'un seul des époux contre la volonté de l'autre pour cause d'incompatibilité d'humeur. « Le consentement mutuel et persévérant des époux exprimé d'une manière spéciale, sous des conditions et après des épreuves de nature à prouver assez que la vie commune était insupportable et qu'il existait une cause péremptoire de rupture de l'union conjugale », pouvait seul déterminer le divorce. Et, à la séance du Corps législatif du 21 mars 1803, Treilhard défendait en ces termes cette mesure : « Le divorce par consentement mutuel servirait à cacher sous son voile les causes de rupture, les causes coupables ; mais depuis quand est-ce que le ministère de la loi est celui de voiler les crimes ? Il est impossible de se taire en présence d'un reproche qui a pour objet de représenter la loi comme l'amie du crime. Mais, dites-moi, vous qui osez faire ce reproche au projet de loi, dans quel code avez-vous jamais trouvé que la loi oblige une personne outragée, assassinée, à se plaindre devant les tribunaux ? Quelle religion a jamais défendu de pardonner une offense personnelle, ou de se contenter d'une réparation qui mette à couvert la victime sans exposer la tête du coupable ? Et si le coupable est un époux, un fils, un père, dites-moi, existe-t-il dans le monde entier une législation assez barbare pour forcer le père, le fils, l'époux à se traîner réciproquement sur l'échafaud, et qui leur interdise tout autre moyen pour pourvoir en quelque manière à leur sûreté ?

« Sans doute tout délit donne lieu à une action publique et à une action privée. Que l'action publique suive son cours quand le délit est évident, voilà ce qu'exige l'ordre social ; que la personne offensée puisse pardonner son injure, qu'elle ait le droit de couvrir d'un voile épais son offense personnelle, voilà ce que veut la morale et ce que l'intérêt social n'a jamais défendu.

« On dira qu'il est beau de pardonner entièrement les injures, mais qu'il ne doit pas être permis, à la personne capable de cet acte de générosité, de ne pas se précautionner pour l'avenir ; que la morale pour préserver ses jours ne lui laisse pas d'autre remède que de faire tomber la tête du coupable, et que ne pas le faire, en semblables circonstances, équivaut à transiger avec le crime.

« Non, législateurs, cette morale de sang ne fut

jamais la morale d'aucun peuple, et elle ne sera jamais la vôtre ; quand le crime sera connu, l'action publique sera exercée dans toute sa rigueur, mais la loi ne forcera jamais une victime à se plaindre ; jamais elle ne considérera comme complice, comme transigeant avec le crime, celui qui est capable d'un pardon généreux ; jamais on ne trouvera une semblable opposition entre les règles de notre droit et celles de la morale ; je pourrais aller plus loin et dire que ce pardon généreux est peut-être un devoir sacré pour les époux, et qu'elle serait atroce, cette loi qui l'empêcherait et qui, au contraire, ne faciliterait pas la pratique de ce devoir, mais je m'arrête ; ce n'est pas devant vous que des sophismes semblables à ceux que je combats maintenant peuvent trouver grâce !

« Mais pourquoi, me dira-t-on encore, pourquoi admettre le divorce par consentement mutuel, quand il y a des enfants ? Pourquoi ? parce que si cette cause est admissible, elle est bien plus nécessaire quand il y a des enfants.

« Alors ce n'est pas seulement l'honneur personnel que l'époux doit défendre, mais il y a aussi l'honneur des enfants : quelle épouvantable perspective pour eux si un des auteurs de leurs jours ne pouvait se soustraire à la cruauté de l'autre qu'en le conduisant à l'échafaud ! »

Nous ignorons si MM. Margueritte entendent revenir à la législation révolutionnaire de 1792, qui a, depuis 1803 jusqu'à ce jour, rencontré, dans toutes les discussions parlementaires relatives au divorce, l'opposition la plus vive. Leur réforme n'aurait pas grande chance d'aboutir...

Car ceux mêmes qui approuvent le divorce par con-sentement mutuel ont presque toujours demandé qu'il fût entouré des garanties les plus sérieuses et les plus étroites.

Les rédacteurs du Code civil l'avaient si bien compris qu'ils ont, dans ce cas de divorce, établi une série d'épreuves faites pour démontrer la persistance de la résolution des époux, exigé la présence de leurs ascendants, venant affirmer que la rupture du lien conjugal était inévitable, et enfin imposé divers sacrifices destinés à fournir des raisons sérieuses à une cause absolue de divorce.

D'abord le consentement des époux n'était pas admis si le mari avait moins de 25 ans et la femme moins de 21 ans; il ne pouvait être invoqué avant deux ans de mariage; il ne pouvait plus l'être après vingt ans ou lorsque la femme avait 45 ans. (Articles 275 à 278.)

« Le législateur, disait Léon Renault, le 31 janvier 1880, à la Chambre des députés, avait voulu laisser aux conjoints le temps de se connaître et de s'éprouver; il refusait de recevoir leur consentement tant qu'on pouvait supposer qu'il était une suite de l'irréflexion de l'âge; il le repoussait encore lorsqu'une longue et paisible cohabitation semblait attester la compatibilité des caractères. »

Le consentement authentique des père, mère et autres ascendants vivants (article 278), la représentation de cette déclaration, à chaque comparution des époux devant le magistrat (article 283), les exhortations et les sages avis du juge, se renouvelant à trois reprises différentes, de trois mois en trois mois (article 285), étaient autant de formalités permettant aux requérants de mesurer toutes les conséquences de leur démarche.

Les attraits que pouvait présenter une union nouvelle et plus heureuse pour l'un des époux trouvaient un obstacle dans l'article 297, prohibant tout second mariage pendant trois mois après la prononciation du divorce.

L'intérêt même, qui est le mobile de tant d'actions humaines, était rendu impossible. L'article 305 disposait, en effet, que la moitié des biens de chacun des deux époux serait acquise de plein droit, du jour de la première déclaration des époux, aux enfants nés de leur mariage, « le tout sans préjudice des autres avantages qui pourraient avoir été assurés auxdits enfants par les conventions matrimoniales de leurs père et mère ».

Les époux, avant tout acte de procédure, étaient tenus de régler et de constater par écrit auquel d'entre eux les enfants nés de leur union seraient confiés pendant le temps des épreuves et après le divorce prononcé (article 280). Ils devaient, en même temps, faire inventaire et estimation de tous leurs biens meubles et immeubles et régler leurs droits respectifs sur lesquels il leur était permis de transiger (article 278).

Le divorce par consentement mutuel a vécu, dans ces conditions, de 1804 à 1816. La loi du 20 mai 1816 effaçait, en effet, de notre Code civil le principe même du divorce, qui devait demeurer soixante-huit ans banni de notre législation. Ce n'est que le 15 janvier 1880 que nous retrouvons le divorce par consentement mutuel inscrit dans la proposition de loi soumise à la Chambre des députés sur le divorce.

Il fut soutenu par M. de Marcère et par Léon Renault. M. de Marcère, le 14 mars 1882, disait, à la Chambre des députés : « L'opinion publique se montre parfois hésitante à l'égard du divorce par consentement mutuel, parce qu'elle se méprend sur le sens des mots. Tous les documents législatifs antérieurs l'ont pourtant déterminé, mais l'erreur persiste ; et l'on est, dans le monde, porté à confondre le consentement mutuel avec l'incompatibilité d'humeur qui, en effet, si elle était admise parmi les causes de dissolution du mariage, pourrait conduire au régime des unions libres.

« Il faut donc le redire : le consentement mutuel a été introduit comme une cause de divorce, précisément pour les cas où les motifs qui le rendent nécessaire sont les plus graves. Ce sont les cas où les époux ne pourraient, sans manquer à des devoirs d'honneur ou de pudeur insurmontable, révéler les actes qui ont opéré leur désunion. Dans la diversité des actions dont l'âme est capable, parmi les infirmités secrètes qui peuvent affliger la nature humaine, depuis l'impuissance jusqu'à la tentative de meurtre, l'esprit imagine ce que le secret de la vie domestique peut renfermer de tristesses ou d'horreur. Le législateur devait envisager ces situations exceptionnelles, et il a fait la part de ce qu'exigent l'intérêt social, la justice et la droite raison.

« Il y a des choses qu'on ne peut pas, il y en a qu'on ne doit pas dire. Les époux connaissent seuls les faits qui ont motivé dans leurs cœurs des ressentiments inexorables. Ils pourront obtenir le divorce par le consentement mutuel... »

Et, le 13 juin 1883, dans un discours retentissant,

Léon Renault traduisait ainsi certaines situations conjugales : « Est-ce qu'il n'y a pas de cas où l'adultère de la femme sera venu troubler profondément la famille ; où, de la part du mari, un acte abominable aura été commis qui peut le livrer à toutes les sévérités de la loi si la femme rompt le secret, si elle révèle ce qu'elle sait ?

« Est-ce qu'il ne faut pas exempter ce mari, s'il est possible, de l'effroyable nécessité de livrer à la publicité la faute de la femme qui se dressera plus tard comme un obstacle douloureux dans la vie des enfants ? Est-ce qu'il n'y a pas possibilité de créer à cette femme un moyen d'échapper à un contact abominable sans révéler ce qui va perdre l'honneur du nom de ses enfants, et livrer à toutes les sévérités de la loi l'homme qui est son mari ?... Voilà pourquoi les auteurs de notre Code ont voulu permettre aux époux d'arriver devant le tribunal, non plus avec des témoins, avec des pièces écrites et accusatrices, mais entourés d'un ensemble de présomptions plus concluantes que les témoins, plus démonstratives que les pièces, si démonstratives que le tribunal n'eût plus qu'à s'incliner et à dire : — Je ne connais pas la cause pour laquelle le divorce est réclamé, mais je suis sûr qu'elle existe. »

Le 27 juillet 1884, le divorce était rétabli, mais le divorce par consentement mutuel restait rayé de notre législation.

*
* *

Si nous jetons un regard sur l'accueil qui a été fait par les législations étrangères à la thèse des Margueritte et des Magnaud, nous constatons combien peu ont consenti à se l'approprier... Et encore la plupart ont-elles entouré la procédure établie pour obtenir le divorce par consentement mutuel d'une réglementation minutieuse.

Les unes, comme celles de l'Autriche et de certains cantons de la Suisse, organisent des essais de réconciliation tentés à l'aide des admonitions les plus énergiques par les rabbins ou les pasteurs. La demande est ensuite transmise aux tribunaux qui l'étudient de nouveau, pesant les causes de la discorde, examinant une à une les contrariétés irritantes, les traitements hostiles, les oppositions de goûts et d'humeurs mises en avant par chaque époux, et ne rendent une décision qu'après avoir longuement étudié le caractère, la position, les rapports des parties, leur fortune, le nombre et l'âge de leurs enfants.

Les autres, comme celles de la Suède et de la Norvège, accordent à la rupture définitive un délai expérimental, pour permettre aux deux êtres qui se sont unis de réfléchir sur leur sort à venir et de bien s'assurer s'il est vrai qu'ils ont cessé de s'aimer et de se comprendre. En Suède, il suffit à l'un des époux d'abandonner l'autre pendant une année et sans avoir répondu à l'avis publié pour l'inviter à faire retour à la maison conjugale, pour que l'époux demandeur puisse faire déclarer le divorce. Et si, après le divorce, l'épouse contractait un second mariage, le premier mari peut, en revenant au foyer abandonné, reprendre sa femme. Le second mari n'a plus que le temps de déguerpir et de contracter, s'il le peut, un nouveau mariage. En Norvège, les autorités civiles, après avoir épuisé tous les moyens de les rapprocher, doivent d'abord accorder aux époux qui se sont entendus pour divorcer la permission de demeurer séparés de corps pendant trois ans. Si, à l'expiration de ce délai, leur entente persiste, la dissolution définitive du mariage sera accordée par le roi.

Il faut aller aux Etats-Unis pour trouver dans le divorce une véritable prime d'inconstance accordée aux époux. Une femme divorcera parce que « son mari la réveille en parlant tout haut quand il rentre tard » ; — parce que « la cigarette du mari occasionne des maux de tête à la femme » ; — parce que « le mari n'offre jamais à sa femme de faire avec lui un petit tour en voiture » ; — parce que « le mari refuse de couper ses ongles de pieds et qu'il égratigne les jambes de sa femme en dormant ». L'Amérique est, du reste, renommée pour la facilité avec laquelle on peut arriver à la dissolution du mariage. Dans l'Etat de Nébraska, une femme fait assigner, enquêter et juger son mari en onze minutes. Dans l'Etat d'Indiana, une certaine Aunt Polly Owens contracte quinze unions successives. Elles ne lui ont donné que six filles qui portent chacune le nom d'un père différent. Edward Dorsey, marié six fois, est père de quarante-neuf fils... Et Hugues le Roux, à qui nous empruntons ces exemples typiques, traduit, en les commentant dans son *Bilan du divorce*, les craintes de beaucoup d'esprits de voir le divorce par consentement mutuel devenir aussi fréquent que les querelles conjugales, servir de masque à de simples défauts de caractères et constituer un remède dont auraient tendance à user les malades du foie ou de l'estomac, mal guéris par les eaux.

Nous ne pousserons pas plus loin les remarques sur l'état comparé des législations en matière de divorce par consentement mutuel. Il serait difficile, en effet, de faire un tableau même sommaire des différents moyens de procédure employés par chacune d'elles pour y parvenir.

*
* *

De l'histoire émouvante des *deux vies* de Mme Favié et de sa fille, que faut-il conclure ? de la thèse qui s'en dégage, que devons-nous tirer ?

Les idées de MM. Margueritte, il faut bien le dire, et cette ana'yse l'a prouvé, ne sont point nouvelles. Elles remontent aux débuts des sociétés et elles ont été préparées depuis des siècles par les diverses législations du monde civilisé : elles sont un tissu de ressouvenirs.

Aussi n'a-t-on qu'à se rappeler les effets obtenus par les essais qui ont été tentés des réformes projetées par MM. Margueritte pour deviner quels en seraient aujourd'hui les résultats ! Leur triomphe marquerait un déplorable retour vers le concubinat romain, il consacrerait l'union libre et ouvrirait la porte toute grande aux accords passagers, accidentels ou occultes. De pareilles tendances marquent très nettement notre état d'âme actuel. Si tant d'esprits, en effet, sont, à cette heure, poussés à apporter au divorce de nouvelles facilités, c'est que la nature même du mariage se trouve viciée dans son principe.

Le Français ajoute encore, après la cérémonie légale du mariage, la consécration religieuse ; mais il y voit une question de forme, d'habitude, de convenance, parfois un motif de tranquillité, souvent une occasion d'hypocrisie. Ce sont ses instincts qu'il entend suivre avant tout, et le christianisme, en interdisant les jouissances les plus savoureuses, est considéré par lui comme une doctrine néfaste qui remplit de tristesse une existence déjà si courte. De haut en bas, le plaisir tend de plus en plus aujourd'hui à devenir la loi unique et l'unique foi. Le Code pénal reste le seul frein capable de l'enrayer,

L'épouse n'est plus l'éducatrice, la consolatrice, le doux rayon, le charme immanent du foyer. Elle veut avant tout plaire et être admirée au dehors. Elle néglige ses devoirs domestiques, grève le budget familial de dépenses de toilette excessives et manquera plus facilement la messe qu'une première. Sous le prétexte qu'une femme du XXe siècle doit tout connaître et qu'elle est à la hauteur de toutes les exhibitions, elle lit les plus mauvais romans de l'école naturaliste et s'en vante. Elle use et abuse de tous les excitants cérébraux. Elle profane son existence en en faisant converger tous les actes vers un but unique : la vie pour la vie. Aussi la maternité lui semble-t-elle une servitude imposée par la nature et qu'il faut savoir éviter.

L'époux ne croit plus à rien. Il n'a qu'un objectif, celui des basses jouissances. Il perd tout idéal. Sa volonté s'énerve, sa pensée dévie, sa conscience agonise. Il est mécontent de lui-même. Il n'a plus d'enthousiasme. Son cœur est froid. C'est un sceptique et un blasé.

Comment une telle association de cerveaux exacerbés, de caractères débridés et de cœurs savamment corrompus pourrait-elle vivre en bonne harmonie? Le divorce s'imposera fatalement après une courte période : l'égoïsme aura été, avec l'irréligion, la cause première de la destruction du foyer. Il faut donc s'attaquer résolument à ces deux facteurs des réformes projetées par MM. Margueritte.

Du jour où l'homme, en se mariant, versera franchement tout son fonds dans son ménage et comprendra que la grandeur de l'humanité réside dans la tendresse infinie et durable de l'homme pour la femme, « dans la consécration de ce qui n'est qu'un appétit physique par le sentiment le plus élevé, le plus noble que les hommes aient jamais pu comprendre et éprouver », nos réformateurs n'oseront plus préparer le triomphe définitif de la chair et la glorification de « la fille ». « L'amour n'est grand. disait Jules Simon, au Sénat, dans la séance du 28 mai 1884, que parce qu'il a le sentiment de sa durée et de son éternité. Si vous le comprenez autrement, c'en est fait de la pudeur et de la dignité de la femme ; c'en est fait de la famille ; c'en est fait de tout ce que nous aimons et de tout ce que nous adorons... »

Nos contemporains n'ont pas seulement des tendances égoïstes et irréligieuses. Il ne leur suffit pas de transgresser le devoir social du mariage pour courir à la poursuite de désirs inassouvis. Ils y voient une association d'intérêts bien plus qu'une *association de vies* au large et vrai sens du mot.

De là toutes ces unions mal assorties qui portent en elles un principe de dissolution inévitable. Le mariage est devenu pour beaucoup une industrie, une opération financière et commerciale. Quand la raison sociale est établie, après en avoir profité un certain temps, au jour

le jour, on se séparera de son associé dès qu'il aura cessé
de plaire. On le quittera comme on se retire d'une
maison où l'on a été mal accueilli, sans regrets, sans
remords, sans avoir l'idée que l'union avait été créée
pour une œuvre éternelle. On .desertera le .domicile
conjugal pour les motifs les plus futiles, à la moindre
contrariété. Aussi avec quelle émotion nos regards se
portent-ils vers la femme qui aime son mari tendre-
ment. simplement, sans partage et qui en est aimée !
Elle élève ses enfants à leur double image, en pleine
possession du repos de la conscience et de la sérénité
de la vie d'intérieur. Lui ne doute pas d'elle et elle ne
doute pas de lui. L'un et l'autre ne redoutent que la
mort qui sépare et ils amassent épi par épi la gerbe des
souvenirs pour l'heure de la vieillesse, pour le temps
« où ils tisonneront, côte à côte, dans le passé, avec
des larmes d'émotion au coin des paupières et des gestes
frileux ».

Il y a un dernier mal qui donne beau jeu aux partisans du divorce à outrance : c'est le besoin d'indé-
pendance de la femme moderne. Il l'envahit et la pos-
sède, comme un appétit maladif. C'est lui qu'elle cher-
che à satisfaire en consentant à se marier. Et l'emploi
qu'elle en fait intronise définitivement l'ennui dans son
âme désenchantée. L'épouse, telle que sont en train de
nous la faire nos *immoralistes*, ne trouvera pas le bonheur dans son existence vide et tourmentée... Elle ne
connaîtra jamais, dans leur intégrité, ces joies de la
vie de famille où parents et enfants se resserrent aux
heures douces comme aux .jours d'épreuves. Vivant
pour soi, elle fera de ses sens et de ses nerfs le .régula-

teur de ses actes. Ayant désappris la prière, elle ne trouvera plus ni la consolation à la jeunesse disparue, ni l'espérance, en face du terme qui s'avance, de se voir survivre dans des êtres qui, au lendemain de sa mort, se hâteront de s'étourdir pour apaiser la souffrance physique de la douleur humaine et reprendre leur marche aveugle sur un chemin sans but.

Le succès des théories de MM. Margueritte nous a contraint à en aborder l'examen et à en peser la valeur. Mais, il est triste de le constater, ce succès est dû à toutes les plaies qui gangrènent notre commencement de siècle : l'irréligion, l'égoïsme, l'argent, le besoin de jouissance et certaines tendances féministes. Ces plaies sont exceptionnellement graves, et l'on n'assiste pas, sans de vives inquiétudes, à la campagne menée en leur faveur par des personnalités littéraires d'un talent incontestable. Celles-ci subissent l'influence du milieu et ne veulent pas comprendre que les principes généraux ne se déduisent pas de cas particuliers. La navrante aventure de Francine ne peut être considérée comme l'existence type de toutes les femmes françaises. Sans doute, la loi de l'indissolubilité du mariage devient souvent une loi de souffrance. Elle est gênante pour une Mme Le Hagre et dure pour certains époux condamnés à la stérilité perpétuelle. Mais sont-ce là quelques exceptions qui viendront justifier la suppression d'un principe qui grandit, à la fois, l'amour, la vie morale et la société? Sont-ce là des motifs assez sérieux pour apporter au divorce consacré par notre législation actuelle des facilités qui portent en elles les germes de la décadence prochaine ?

Quelques couples mal assortis auront-ils raison d'une loi de perfection individuelle, domestique et sociale? Quelques ménages, victimes des infirmités ou des vices qui peuvent les affliger, seront-ils assez puissants pour préparer l'avènement de la bête humaine? Espérons encore qu'il n'en sera point ainsi, car la brute est insatiable. Et nous ne saurions mieux achever cette étude qu'en invitant l'école des Margueritte et des Magnaud à creuser cette observation flagellante d'un psychologue profond doublé d'un grand orateur : « A chaque satisfaction qu'on accorde à la bête humaine, elle crie : « Encore! Encore! » Après la liberté restreinte, elle voudra la liberté illimitée ; après l'union légale, l'union à volonté ; dans l'union à volonté, la polygamie ; après la polygamie, la promiscuité. Les foyers domestiques ne seront plus que des basses-cours et des chenils. »

Paris. — Imprimerie F. Levé, rue Cassette, 17.

PARIS
IMPRIMERIE F. LEVÉ
17, Rue Cassette

www.ingramcontent.com/pod-product-compliance
Lightning Source LLC
Chambersburg PA
CBHW051344060726
47596CB00004B/1759